Wortgewandt
2024

Alltagslyrik

Band 8

Jessica Herbstritt

Wortgewandt

2024

Alltagslyrik

Band 8

autumnreader*jh*

Bibliografische Information der Deutschen Nationalbibliothek:
Die Deutsche Nationalbibliothek verzeichnet diese Publikation
in der Deutschen Nationalbibliografie; detaillierte bibliografische
Daten sind im Internet über dnb.dnb.de abrufbar.

Wortgewandt 2024
1. Auflage 2024

© Jessica Herbstritt, autumnreaderjh

Lektorat: Rolf Piepenbrock
Illustrationen:, Rudi Brusch, Heidi Klewe, u.v.a.

Verlag: BoD · Books on Demand GmbH, In de Tarpen 42,
22848 Norderstedt
Druck: Libri Plureos GmbH, Friedensallee 273, 22763 Hamburg

ISBN: 978-3-7693-0920-1

Für

F.H.M.M.
L.D.
ρ π

und alle
fleißigen Gestalter

08.01.2024:
In so mancher Nacht in unruhigen Zeiten sucht man ihn vergeblich, doch meistens findet man ihn noch vor dem Morgengrauen wieder.

Suche

Ich liege hier
und räkel, wende mich
um 10 Uhr vier
und find' ihn einfach nich'.

Doch was hilft dann?
Kein Gähnen, Zählen, Fluchen -
steh' auf, fang an
und geh' ihn endlich suchen.

Auf leisen Sohlen
zaghaft schleichend tappen,
um ihn zu holen,
ihn zu fangen und zu schnappen.

In dem Regal
mit Zeitschrift, Heft und Buch,
bei Mütz' und Schal
erfolglos ich ihn such'.

Mit Milch, ganz warm,
 such' ich ihn anzulocken.
 Leer bleibt mein Arm,
 macht sich nicht auf die Socken,

 dass ich ihn finde,
 vor Ende dieser Nacht,
 schmiegt an sich linde,
 noch eh' der Tag erwacht.

 Wo ist er nur?
 wo kann er sich verstecken?
 Schau auf die Uhr,
 drei Stunden bis zum Wecken.

 Erschöpft ich bin
 geb' auf, wo bleibt er nur?
 Im Socken drin?
 Im Keller, Schuppen, Flur?

Im schwarzen Loch?
 Im Bauch von einem Kraken?
 - da liegt er doch!-
 ganz friedlich auf dem Laken.

 Ach wieder da
 ist er, nun doch gefunden
 und mir ganz nah.
 - Nur noch zwei Zeigerrunden -

 Deck' uns ganz brav
 mit meiner Decke zu,
 mich und den Schlaf,
 und dann ist endlich Ruh'.

09.01.2024

Es gibt Dinge, die dürfen in keinem Haushalt fehlen, ganz besonders, wenn es zur mitternächtlichen Stunde zu Unannehmlichkeiten kommt.

mitternachts

Ein Mensch, den nach der Mühsal Tage
nächtens so mancher Hunger plage
-weil er vergaß, des Bauches Willen
noch vor dem Schlafen recht zu stillen-
der wird durch dessen groß' Verlangen,
spät nachts mit Knurren angegangen.

Der wird umhin dann gar nicht kommen -
will er im Schlaf noch mal versonnen
im Traumland friedlich weiterreisen -
dem Bett zu fliehen und zu speisen.
Isst zu dem Zweck
den Mitternachtssnack.
Mitternachtstorte
man dafür horte!

Versenkt sich leiblich satt und rund
zum Schlafen dann auf Traumes Grund.

Ein Mensch, den nach der Mühsal Tage,
nächtens so manche Schmerzen plage,
-weil er vergaß der Seelen Sorgen
noch vor dem Schlafen Zeit zu borgen -
der wird bedrängt mit vielen Fragen,
die nachts noch beißend an ihm nagen.

Der wird umhin dann gar nicht kommen -
will er im Schlaf noch mal versonnen
im Traumland friedlich weiter wandern -
zu hör'n, zu reden mit 'nem Andern:
Ein Handy pack'
zum Mitternachtsschnack.
Mitternachtsworte
man dafür horte.

Versenkt sich seelisch leicht und frei
schlafend dann in Träumerei.

So, wachst du auf um Mitternacht,
willst schlafen schnell, gemütlich ruh'n?
Dann gib auf Leib und Seele acht,
lass' sie sich nähren, gütlich tun!

Man braucht dafür – am rechten Orte -
nur Torte und ganz viele Worte.

02.01.2024:

In der Betrachtung der Natur, der Erde und dem, was darüber ist, finden sich immer wieder Verbindungen durch Zeit, Raum und Zustände, die in einem Zyklus miteinander in Beziehung treten.

Blick über Hügel

Der Blick schwebt über sanfte Hügel,
streift kleine Täler, stille Auen,
als würden seine zarten Flügel
den Hauch der Zeit in ihnen schauen.

Von Zeit geformt erst aufgeworfen,
um sich dann wieder abzusenken.
Bald Flechten jeden Riss verschorfen,
um damit neues Grün zu schenken.

Die Wolken ziehen hin darüber
mit Sonnenschein, Wind, Sturm und Regen;
mal Nebel macht die Sicht dann trüber,
dass geistgleich Schwaden sich bewegen.

Auch hinterlässt der Schnee im Winter
dort weich dann seine weißen Spuren.
Früh blüht sein Glöckchen, Klee dahinter,
dann hallt Gezwitscher auf den Fluren.

Viel wärmer wird es, Hitzen sengen
und lassen Grün verdorrt sich renken.
Durch neues Nass erst Früchte drängen,
so Überfluss an Labsal schenken.

Des Jahres Zeiten-Kreise schließen
sich wieder, drehen weiter Runden,
und so Milliarden Jahre fließen
zusammen da, und doch verschwunden?

Nein, alles kreist in dem Bestreben
- sei's Tropfen, Stern, Moos auf den Steinen -
zu sein, zu wirken und zu schweben,
sich wandelnd wieder zu vereinen.

So bleibt doch alles wie gewesen,
mag es auch noch so anders scheinen
und ist Verwandlung dort zu lesen,
sowohl im Großen als im Kleinen.

Der Blick schwebt über sanfte Hügel,
streift dieser Gräber stille Auen.
Begreif': dies alles rührt SEIN Flügel -
getröstet kann ich nun sie schauen.

31.01.2024:

Ab und zu erhalten wir ganz unerwartet Besuch von einem Gast, den wir so gar nicht erwartet haben, dann ist das wie ein kleines Geschenk und eine Umarmung der Seele .

Eis

Als wäre heimlich über Nacht
das Sternenlicht herabgeflossen
und habe dann, ganz leis' und sacht,
der Bäume Zweige übergossen,

dass kleines, stetiges Bestreben
der winz'gen Knospen aufzubeben,
um zu entfalten Blatt um Blatt,
verfroren liegt im klaren Glatt.

Da schon ein kleines Licht ausreicht,
dass dieses starre Tropfenkleid
dem Funkeln Diamanten gleicht.
Kristalle glitzern weit und breit.

Als wollten dann am frühen Morgen
die sanften, roten Sonnenstrahlen
der Mandelblüten Pracht ausborgen
und jenes Glitzern rosa malen.

*So dass im neuen Tages-Schein
im Schnee die Ahnung schwebt hinein
von warmen, hoffnungsvollen Stunden,
die dann mit Aufbruch sind verbunden.*

*Ein rötlich Glanz auf Gläsern klar,
sei er auch kurz nur aufgeglommen
zeigt rosa-blüten-spiegelnd dar:
Der Lenz ist zu Besuch gekommen.*

13.02.2024:

Der ursprüngliche Text dieses Liedes ist von Carel Gott, der es mit seiner Enkelin gesungen hat. Die deutsche Übersetzung habe ich geschliffen und in Reimform gebracht.

mein Augenstern

Manchmal weiß man nicht, was noch
so kommt, wohin der Weg uns führt
und wie viel Zeit uns bleibt, um doch
zu spüren, was uns so berührt.
Doch gut ER ist, ein Altruist,

denn ER hat dich zu mir gegeben,
du bist mein Hafen, bist mein Hort;
kann so die ganze Welt erleben,
so ganz, vollkommen, doch nie fort.

SEINE Güte trägt mich warm,
bist du für mich die ganze Welt,
birgt ER mich in seinem Arm
und stärkt und schützt, was mich erhellt.

Ganz ungestüm, im wilden Flug,
nur die Musik um uns sich schmiegt,
und uns der Schönheit kaum genug,
der Schauer über'n Rücken fliegt.

Nie verlöschen uns're Funken,
aber dennoch kann es sein,
dass sie sind in Angst versunken,
pass auf, lass leuchten ihren Schein.

Denn leuchten werde ich auch dir,
mein einziger, mein kleiner Stern,
dass ich dich niemals je verlier,
auf deinen Wegen nah und fern.

Auch wenn der Strom mich mit sich nimmt,
dann musst du segeln auf ihm, wach,
und wenn dein Floß aus Lorbeern schwimmt,
ruh' dich nicht aus und werde schwach.

Denn leuchten werde ich auch dir,
mein einziger, mein kleiner Stern,
dass ich dich niemals je verlier,
auf deinen Wegen nah und fern.

Ich fühle, wie die Zeit vergeht,
noch hören möcht' ich deine Stimme
so, wenn ich einschlaf sanft verweht,
der Augenblick niemals verrinne,

unendlich bleibt, mit voller Kraft,
wie du sie jetzt gesungen hast,
so schweben Töne fabelhaft
und bleiben uns ein treuer Gast.

Deine Wurzel fußt im Grund
sicher, das weiß ich genau,
so wie dein Stamm ist sie gesund,
lässt wachsen dich ins Himmels Blau.

Auf diese Wipfel, Baumes Hände,
viele Tausend Wege führen,
und an jedes Pfades Ende,
werden wir uns sacht berühren.

*Nie verlöschen uns're Funken,
aber dennoch kann es sein,
dass sie sind in Angst versunken,
pass auf, lass' leuchten ihren Schein.*

*Manchmal weiß man es, was noch
so kommt, wohin der Weg uns führt
und wieviel Zeit uns bleibt, um doch
zu spüren, was uns so berührt.
Denn gut ER ist, ein Altruist.*

15.02.2024:
Zur standesamtlichen Hochzeit kann man einen ganz besonderen Strauß schenken, der sogar alle Gäste mit einzubeziehen vermag.

Brautstrauß

Ein Brautstrauß sollte passend sein
mit seinem farbigen Design,
schön abgestimmt auf Kleid und Hemd,
dass mit dem Stiel auch ja nichts klemmt.

Früher zeigte noch die Pracht
des Straußes allen Leuten an,
ob die Partie, die er da macht,
ist gut mit Mitgift angetan.

Noch früher nützlich war der Strauß
mit Käutern duftend fein gesteckt.
Wenn Körperdüfte war'n ein Graus,
die Braut hat's Näschen reingesteckt.

Doch dieser Strauß, den wir Euch schenken,
hat damit nicht mehr viel im Sinn,
er zeigt nur, wie wir an Euch denken,
viel nützlich' Sachen sind darin.

Hier habt Ihr einen Strauß im Strauß:
Ein weiß verschleiert Kuscheltier,
mit ihm wählt Ihr dann später aus,
wer nach Euch schreibt aufs Traupapier.

Bis zu dem schicksalsschweren Wurf
darf kuscheln er noch mit Euch Zwei'n,
doch dann wird fliegen er die Kurv'
und bald die nächste Hochzeit sein.

Auf das Teilen kommt es an,
wenn ihr seit heute seid verbunden,
fest notiert als Frau und Mann,
teilt euch jetzt Socken und auch Stunden!

Welcher welchen Socken trage,
das ist leicht herauszufinden,
geteilt zur Nacht oder bei Tage
sie dürfen nur nicht heimlich schwinden.

Achtsamkeit Euch beide präge.
Hiermit schafft Ihr Euch zu sehen,
wenn die Balance mal geht in Schräge,
hilft sie gemeinsam aufzustehen.

Zu tragen seinen Teil zu bei,
in Tat und wertschätzendem Wort,
dass Harmonie gegeben sei
und Ruhe kehrt zurück zum Ort.

Dies könnt Ihr heute gleich verzehren.
Wenn zweisam Ihr gemütlich sitzt,
anstoßen, dass sich Freuden mehren,
dass ihr habt Zeit für Euch stibitzt.

Dass mit dem Prikeln noch im Bauch
zusammen Ihr den Tag genießt,
das wünschen wir Euch herzlich auch,
und morgen erst denTag beschließt.

Trüffelkäse darf nicht fehlen,
wenn es um das Schlemmen geht.
Um Euch mit Nahrung zu beseelen,
Ihr sehr auf diesen Gelben steht.

Dann verspeist den Gaumenschmaus
auch gerne noch in nächster Zeit.
Er muss ja nicht mehr mit nach Haus,
greift zu, denn es ist bald soweit.

Der Kindermund gibt Wahrheit kund,
hat auch zur Ehe was zu sagen
und malt mit Worten kunterbunt,
wie's läuft an diesen Festags-Tagen.

Was dann erlaubt ist und was nicht,
und was sich danach alles ändert,
sie sagen's offen ins Gesicht,
selbstbewusst und auch ge-gendert.

Sollte irgendwann die Ehe
Euch mal etwas fade schmecken,
reicht Euch nicht der Knoblauch Zehe -
Ihr könnt dies für Euch entdecken:

Ein Gewürz dann gut mal tut,
mit dem richtigen Esprit
wird feurig wieder Liebesglut
und schmackhaft neu wird sie.

Für Feiglinge ist Ehe nicht,
doch hat man davon zwei im Haus,
dann fehlt der Schwere an Gewicht
und aller Trübsal fließt heraus.

Auch wenn er Flügel nicht verleiht,
so schweben die Gemüter leicht
und Herzen werden wieder weit
und Grummels Zorn und Sorge weicht.

Verwöhnen und verwöhnen lassen,
das gehört doch mit dazu.
Am Andern Fuß und Rücken fassen,
dann schnurren beide ruhig im Nu

Mit Igelball und Händen pur,
mit oder ohne Öl und Schaum,
Ihr wißt schon selber welche Kur
ist für den andern ein Traum.

Für den Alltag dann und wann
braucht man manchmal Zeit zu zweit.
So hält dieses kleine Spielchen dann
Paar-Minuten Euch bereit.

Um einander zu erkennen,
immer wieder neu zu sehn,
Schätze wieder zu benennen
und sich besser zu verstehn.

Eiszeit, Frost und kühle Tage
mit heißem Tee Ihr übersteht,
die Wärme allen Gram verjage,
was festgefror'n nun leicht sich dreht.

Bewegt sich und entspannt Euch sacht,
wird kuschelig, behaglich warm,
Wohlfühlzeit ganz lang sich macht
und nimmt Euch beide in den Arm.

Nervennahrung wichtig ist,
egal wann, wo, wie, jetzt und hier.
Die Schokolade man vermisst,
wenn's Zuckertief verlangt nach ihr.

Doch auch ganz einfach zum Genuss
mögt diese Ihr auch gern verzehren,
wenns leer ist, dann ist einfach Schluss -
Wer, wie viel, das müsst ihr klären.

Es ist geschafft, nun ist's vollbracht!
Für Euch von uns sind diese Gaben,
die diesen Brautstrauß voll gemacht.
Nun dürft Ihr zwiefach Euch dran laben.

Nutzt ihn gerne hier und heute
als Übergang zum großen Fest,
wenn dann kommt die Ganze Meute
und Euch nicht aus den Fängen lässt.

07.04.2024:
Kipp-Gedicht (erfunden von Thomas Myer) ist erst von
Vorne nach Hinten und dann von Hinten nach Vorne zu lesen.

Leben

Leben

ergeben
Freude
in
Trübsal
kleiden

neiden
über
Menschlichkeit
erheben

Beben
stark gegen
die Seele
berühren

schüren
überall
Hass und Zweifel
vergeben

schweben
die Tränen
in Zuversicht
besteht

verweht
niemals
ewig zart
weben

streben
nach Berührung
innig
werben

sterben
niemals
gänzlich

leben

28.04.2024:
Dieses Sandritual steht, nach dem Ringetausch, so schön symbolisch für Verbundenheit und Individualität. Hier ein paar begleitende Zeilen dazu.

Sandbild

Mit diesen Ringen Ihr Euch zeigt,
dass Ihr Euch beiden zugeneigt
seid, und gerne bleiben wollt,
und Euch auch wünscht, wenn einer schmollt,
dies auch durch Tiefen zu bewahren,
für lange und in vielen Jahren,
dass nichts und niemand soll Euch trennen
und Eure Flammen weiter brennen.
So soll auch dies Geschenk noch zeigen:
„Ihr beiden wollt zusammenbleiben."

Wie Ihr hier seht, geht es um Sand,
der gleich nun wird durch Eure Hand,
abwechselnd in dies Glas gegeben;
zu vielen Mustern wird er streben.
Ganz so wie sie sich jetzt gestalten,
so bleiben sie Euch dann erhalten,
wenn dieser Deckel drauf gepfropft
und so der Zugang bleibt verstopft.
(Ein Rat von mir noch nebenbei:
Niemals geschüttelt dies dann sei!)

So sehr nun Missgunst will versuchen
Euch zu trennen, zu verfluchen,
so wenig wird ihr das gelingen,
wie diese Körner so zu zwingen,
sich sauber wieder zu sortieren
und monochrome sich zu verlieren.

Drum frisch ans Werk, nehmt Eure Farbe
und streut abwechselnd sie hinein.
So rieselt das, was jeder habe,
mit in die Beziehung ein.
Ein Bild von Euch dabei entsteht,
doch mehr als Summe zweier Farben
und wie Ihr hier ganz deutlich seht:
einzigartig - wie die Gaben,
die jeder von Euch in sich hat,
um stärkend dazu beizutragen,
dass strahlen alle Farben satt
und funkelnd alles überragen.

*Gemeinsam könnt Ihr alles schaffen,
und wenn Ihr einmal Zweifel hegt
und Mut und Freude mal erschlaffen,
sei Euch dies Lied ins Ohr gelegt:*

*Wahre Farben (True Colors, Original. englisch,
Billy Steinberg und Tom Kelly)*

*Du schaust so traurig. Sei nicht verzagt ich kann
dich gut verstehn. Manchmal ist es schwer
in der Welt Mut zu fassen.
Sich in allem zu verliern und das Dunkle in dir,
das macht dich klein und schwach.*

*Doch ich kann deine Farben in dir seh'n,
seh' deine wahren Farben. Für die lieb' ich dich.
So hab keine Angst, du kannst sie zeigen,
die wahren Farben. Deine Farben sind bunt
wie ein Regenbogen.*

*Zeig mir ein Lächeln. Hab' dich schon lang nicht
mehr lachen gesehn. Doch fühl dich geborgen.
Auch wenn die Welt da draußen dich an ihr
verzweifeln lässt. Dann ruf' mich an!
Du weißt, ich bin für dich da.*

*Denn ich kann deine Farben in dir seh'n,
seh' deine wahren Farben, für die lieb ich dich.
So hab' keine Angst du kannst sie zeigen,
die wahren Farben. Deine Farben sind bunt
wie ein Regenbogen.*

04.05.2024

Eine Zeremonie, die mein Onkel D. uns zu unserer Hochzeit schenkte und nun eine feste Komponente in unserem Jahr geworden ist.

Zweisamkelch

In jedem Jahr gibt's ab sofort
diesen neuen Ja-hres Tag,
an dem für Euch genau dies Wort
gemeinsam auf den Lippen lag.

Um diesen Tag und diese Ja(hr)
zu feiern und Euch zu besinnen,
nehmt diesen Kelch und füllt ihn klar,
lasst Wein durch Eure Kehlen rinnen.

Erinnert Euch und blickt zurück,
auch in die Zukunft – visionär -
auf dass gemeinsam Stück für Stück
die Träume voll, der Kelch bald leer

werde, und ein Bild Euch bleiben
wird. So die vereinten Pfade
Ihr könnt mit Eurem Wort beschreiben,
sei'n sie verschlungen oder grade.

*So tut dies gerne stets am Abend
vor diesem, Eurem Hochzeitstag -
besprecht, an Eurem Kelch Euch labend,
was war, was ist und werden mag.*

22.05.2024

Es gibt Zeiten, in denen es gut täte, dunkle Gefühle gegen helle einzutauschen. Vielleicht wäre das hier ja ein erstrebenswertes Geschäftsmodell.

Bauchladen der Zuversicht

Unermüdlich ist sie da,
schon morgens in der Frühe.
Einen Kaffee braucht sie nicht,
ein Lächeln spielt um ihr Gesicht,
katz-wäscht sich ihre Aug' und Ohr',
bauchläd sich ihre Ware vor.
Dieses macht ihr Jahr für Jahr
stets Freude, niemals Mühe.

So bepackt beginnt der Tag
mit Freundlichkeit umhüllt.
Mit festen Schritten geht's hinaus,
egal ob Hitze, Sturmgebraus,
zielstrebt sie hin zu ihm und ihr,
umwandelt manches Ich zum Wir.
Sie hat, was jeder braucht und mag,
dass Tatkraft sie erfüllt.

Ihre Waren preist sie an
zu einem guten Tausch.
Für einen Sack, mit Kummer voll,
gibt's große Freude: 20 Zoll
schwarzverscheiert Angesicht
aufhellt sie mit Glückskerzenlicht;
umtauscht Angstdukaten dann
in einen Freudenrausch.

Für Grollwolle und dunkle Wut
in Münzen oder Schein,
kann man Versöhnungskekse kaufen.
Wer mit Stressperlen kommt gelaufen,
seelbalsamt sie, als Gegenwert,
so dass die Ruhe ein bald kehrt.
Für kiloschwere Angst gibt's Mut
mit Stärke obendrein.

Schon für einen Pfennig Hass
und eine Unze Streit
bekommt man Baldrianen-Worte,
damit entspannt dann kann vor Orte
herzgütig wirken Schlichtungskraft.
Streithähne trinken Freundschaftssaft.
Auf ihre Ware ist Verlass,
denn alles steht bereit.

Wenn auch du trägst schwere Last
und Ängste, Streit und Sorgen,
dann tausche diese Währung ein
und lass sie ausbezahlt dort sein.
Sinnstiftet sie dir deine Zeit
lebensbejaht sie, herzlich weit,
dass Leichtigkeit auch dich erfasst,
für jetzt und auch für morgen.

*So unbeschwerter gehst du schlicht
zurück zu dir nach Haus.
Ballastwährung bleibt zurück,
löst auf sich stetig, Stück für Stück,
aufbricht die harten Hüllen, Schalen,
weichkuschelt sie mit Friedensstrahlen.
Zum Bauchladen der Zuversicht
geh hin, es zahlt sich aus.*

26.07.2024:

Es kommt immer wieder vor, dass man das Bedürfnis hat, sich aus dem Alltag zu entfernen. Manchen glingt das mit Hochprozentigem oder legalisierten Gräsern, manchen ganz anders.

Betrunken

Wenn ich betrunken wäre
von Wein, Schnaps oder Bier,
wähnt' ich mich in einer Sphäre
weit weg vom jetzt und hier.
Ich könnt' dann Ausreden entspinnen,
könnt' sagen, ich wär nicht bei Sinnen -
da spräch der Alkohol aus mir.

Doch nüchtern bin ich, sinnend,
volltrunken nur von dir.
In dir versunken spinnend,
was sei dein' schönste Zier.
Sag dir, was meinen Leib verzehre,
sich mein Verstand nur um dich kehre,
vergehe, fast zerfließe schier.

So ist es unbegreiflich,
bleibt hoffnungslos das Wir,
dass ich nach Sinnen reiflich
nicht diesen Sog verlier,
der mich so zieht verletzlich dort,
aus tiefstem Innern weiter fort,
nach einem nur zu streben,
      nach einem nur allein,
            nach dir.

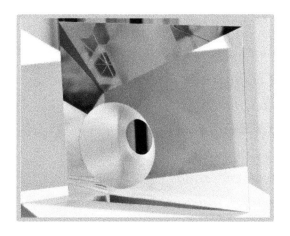

30.07.2024:
Um in eine positive Sich-selbst-erfüllende-Prophezeihungs-Spirale hineinzukommen, bedarf es vor allem eines ersten, neuen, intrinsischen Anstoßes.

Päckchen packen für sich

*Meistens freut man sich schon sehr,
wenn ein Päckchen kommt daher,
per Post, von Freunden überreicht,
als Fest, das leise an sich schleicht,
als Dankeschön und liebe Worte,
als Gutschein oder leck're Torte.*

*Damit verbunden
und empfunden
wird Glück und Wärme,
Schmetterlingsschwärme
im Bauch
und auch
Vergnügen
in Schüben.
Schauer rinnen
außen, innen
und machen so,
einfach froh.*

Doch was tun, wenn keiner schickt
ein Päckchen oder freundlich blickt
mit Anerkennung, Herzlichkeit,
mit Zuneigung und Dankbarkeit
auf das, was man als Freundschaft kennt
und bei diesem Namen nennt?

Darin sich schleicht -
wird schwer statt leicht -
Enttäuschung kalt
und widerhallt
ein Weh.
Ein See
zerfließt,
vergießt,
Tropfen rinnen,
außen, innen
macht Traurigkeit
sich langsam breit.

Sodann sei man sich selber nah
und sende Päckchen wunderbar
sich selber zu, mit 'nem Projekt,
sodass, was nötig, darin steckt.
Denn macht die Zeit ein Fenster auf,
dann nutze es und stürz' dich drauf.

Mit netten Zeilen
Zeit verweilen,
genießen, frönen,
sich verwöhnen.
Im Arm
ganz warm
bei sich,
friedlich.
Freuden rinnen
außen. Innen
macht das Leben,
Spuren eben.

*So voraus kann man auch senden
Zeit, die man gezielt verwenden
möchte, mit Freunden oder für 'ne Kur,
für Schönheit und Entspannung pur.
Schreibt im Kalender, wo und wann,
dass man sich darauf vorfreu'n kann.*

*Ein Päckchen lauert,
überdauert
so die Zeiten,
zu bereiten
in dir
'nen schier
unermesslich,
unvergesslich
strahlend Schein.
So muss es sein.*

30.07.2024:

Im Urlaub sagt der Reiseführer, man solle seine Aufmerk-
samkeit auf bestimmte seltende Arten richten, um später
mit Beweisfoto berichten zu können, man sei ihrer ansichtig
geworden.

Der Frauenschuh

Immer zu, immer zu,
Such' ich nach dem Frauenschuh.
Der Frauenschuh, der Frauenschuh,
der lässt mir keine Ruh`.

Unter Buchen, unter Linden
dachte ich, ihn bald zu finden.
Unter Linden, unter Buchen
Sagt' man mir, ich sollt' ihn suchen.

Doch auch hinter Weidenhecken
kann ich ihn jetzt nicht entdecken.
Hinter Hecken und den Weiden
mag er es wohl doch nicht leiden.

Doch ich suche immerzu
weiter nach dem Frauenschuh.
Der Frauenschuh, der Frauenschuh,
der lässt mir keine Ruh'.

In den Mooren, neben Mauern
vermag er nicht zu überdauern.
Neben Mauern und in Mooren
steht er auch wohl sehr verloren.

Nicht im Mohn und nicht im Klee
verborgen ich ihn endlich seh'.
Nicht im Klee und roten Mohn
er sich zeigt, ich dacht's mir schon.

Verzage nicht! So immerzu
Such' ich ihn, den Frauenschuh.
Der Frauenschuh, der Frauenschuh,
der lässt mir keine Ruh'!

Bei den Reben und den Beeren
Konnte er sich nicht vermehren.
Bei Brombeeren und den Reben
Scheint er auch wohl nicht zu leben.

*Bei der Flora Pflanzenwelt
ich keinen fand im grünen Zelt.
Doch bei der Fauna Tiereschar
wurd' ich seiner dann gewahr.*

*Neben Lurch und Elefant
ich unzählige nun fand.
Bei Elefant und Salamander
standen sie da beieinander.*

*Glücklich war ich jetzt im Nu
beim Anblick dieser Frauenschuh'.
Und endlich fand ich wieder Ruh'
beim Frauenschuh, beim Frauenschuh.*

Danke

Wieder ist ein Jahr vergangen, in dem ich erfahren durfte,
wie sehr ich auf Eure hilfsbereite und freundliche
Unterstützung vertrauen kann. Dass meine Zeilen und
Gedichte jetzt hier so stehen können, und mit der
tatkräftigen Unterstützung von Vielen, mit so bezaubern-
den Bildern untermalt, noch mal neue Facetten und
Perspektiven hinzugewonnen haben, verdanke ich Euch.

Ich danke Dir, meinem Lieblingslektor ρ π, für die
herzlichen Worte und Dein oft sehr inspirierendes
Lektorat, dass mich noch mal neu über Manches hat
nachdenken und zum Besseren hat überarbeiten lassen.

Vielen Dank für die schönen Fotos von Dir, lieber Rudi,
die Du mir trotz all der Wiedrigkeiten, die Du in diesem
Jahr erleben mußtest, für mich aus Deinem reichhaltigen
Fundus gerausgesucht hast.

Ein lieber Dank geht auch an Dich, liebe Heidi, für Deine
ganz eigenen Mikro-Blumen, die mitlerweile auch zu
Mikro-Pilzen geworden sind. Schön, dass Du es neben
Deiner großen Familie und den vielen Aufgaben noch

geschafft hast dieses Buch mit Deinen Bildern zu
bereichern.

Ein weiterer Dank geht auch an Euch, Lisa und Dortje,
dafür, dass Ihr mir wieder mal mit Eurer Kreativität
meine Zeilen verschönert und eingekleidet habt.
Auch Dir, Frank, sage ich Danke für Deine Geduld und
fürs Zeiträume-schaffen, dass Du Dich um Haus und
Familie gekümmert hast, wenn ich mal in Gedanken
versunken bin.

Auch allen Leser/innen möchte ich danken, die mich
durch ihre freundlichen Rückmeldungen immer wieder
dazu motiviert haben weitere Wortgewänder zu weben.
So macht das besonders viel Spaß und Freude.

Danke

Inhaltsverzeichnis

	Seite
Suche	6
mitternachts	10
Blick über Hügel	13
Eis	16
mein Augenstern	18
Blumenstrauß	22
Leben	30
Sandbild	32
Zweisamkelch	36
Bauchladen der Zuversicht	38
Betrunken	42
Päckchen packen für sich	44
Frauenschuh	48
Dankeschön	52
Bildverzeichnis	55

Bildverzeichnis

	Seite	Künstler
Widmung	5	H.Klewe
Suche	9	R.Brusch
mitternachts	10/11/12	L.Herbstritt
Blick über Hügel	15	H.Klewe
Eis	17	J.Herbstritt
mein Augenstern	21	D.Herbstritt
Brautstrauß	29	J.Herbstritt
Sandbild	34/35	J.Herbstritt
Zweisamkelch	37	J.Herbstritt
Bauchladen der Zuversicht	41	L.Herbstritt
Betrunken	43	R.Brusch
Päckchen packen	44/47	D.Herbstritt
Frauenschuh	49	R.Brusch
	51	J.Herbstritt
Ende	58	H.Klewe

Mehr Gereimtes gibt's hier:

Wortgewandt 2020-2022

weitere Gedichte

Alltagslyrik
Sammelband 2

Jessica Herbstritt

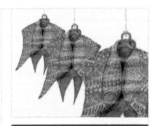

Veränderungen, Abstand halten, Frieden und Normalität, Zuversicht und Glück im Kleinen.

In den letzten drei Jahren hat sich gezeigt, wie wichtig es ist, die Stolpersteine auf dem Weg zu nutzen, um neue Perspektiven einzunehmen und allem auch eine positive Seite abzugewinnen.

In diesem Sammelband sind viele dieser Perspektiven in Wort und Bild gewandet.

ISBN: 978-3756221370

Der Bergzwerg

Jessica Herbstritt

Der Bergzwerg hat ein Problem. Der Berg versperrt ihm die Sicht auf das Meer. Er versucht alles, um das Meer doch noch zu Gesicht zu bekommen. Wird er es schaffen? In Reimen und Bildern kann man hier seine Bemühungen nachverfolgen.

Kontakt: jpiepen@gmx.de

Wortgewandt 2022
Alltagslyrik
Band 6
Jessica Herbstritt

Was ist eigentlich Normalität, Frieden und Glück? Die Antworten darauf können sehr facettenreich ausfallen.

Innovativ und doch wiedererkennbar begegnen uns die Stolpersteine des Alltags auch im Jahr 2022 wieder und sind in Wort und Bild gewandet.

ISBN:978-3756844869

Wortgewandt 2023
Alltagslyrik
Band 7
Jessica Herbstritt

In neuem Kleide kommen die Stolpersteine des Alltags daher. Sie blicken retrospektiv und auf das Hier und Jetzt, begegnen Katern und Engeln, finden in Abschieden neuen Halt, in Sehnsüchten neue Träume und im Altbekannten neues Glück. Wie facettenreich das sein kann, ist hier, in Worte gewandet, nachzulesen.

ISBN:978-3758309243

Ende mit blumigem Namen...

Milton Keynes UK
Ingram Content Group UK Ltd.
UKHW022121251124
451529UK00012B/640